caillou MD

Mes jeux préférés

Illustrations : Tipéo

chouette

Caillou fait flotter son bateau.

Caillou fait voler son avion.

Caillou fait rouler son camion.

Juliette frappe la balle.

Caillou attrape la balle.

Caillou joue de la guitare.

Caillou invente des histoires.

Caillou donne un spectacle.

Caillou joue au ballon.

Caillou s'amuse avec son train.

Caillou adore son ours en peluche.

Caillou collectionne les soldats de bois.

Caillou dessine.